판타스쿨

❶ 나도 이제 1학년이야!

신 나고 재미있는 학교생활 가이드

판타스쿨 ❶ 나도 이제 1학년이야!

초판 1쇄 발행 | 2009년 2월 23일

지은이 | 그림나무 (글 이지혁 작화 최민식 채색 박한진)

발행인 | 양원석
총편집인 | 김기중
편집장 | 최주영
책임편집 | 박경선
디자인 | dnb_손수연, 최주영
마케팅 | 정도준, 김성룡, 백준, 나길훈
제작 | 허한무, 문태일, 김수진

펴낸곳 | 랜덤하우스코리아(주)
주소 | (135-090) 서울시 강남구 삼성동 159번지 오크우드호텔 별관 B2
문의 | 02-3466-8914(내용), 02-3466-8955(구입), 02-3466-8888(팩스)
등록 | 2004년 1월 15일 제2-3726호

ⓒ그림나무, 2009, Printed in Korea.
ISBN 978-89-255-3158-8
ISBN 978-89-255-3157-1 74370(세트)
값 8,800원

이 책은 저작권법에 따라 보호를 받는 저작물이므로 무단 전재와 무단 복제를 금지하며,
이 책 내용의 일부를 이용하시려면 반드시 저작권자와 랜덤하우스코리아(주)의 서면 동의를 받아야 합니다.

＊잘못 만들어진 책은 구입하신 곳에서 교환해 드립니다.

신 나고 재미있는 **학교생활** 가이드

판타스쿨

❶ 나도 이제 1학년이야!

글·그림 그림나무

주니어랜덤

추천사

놀면서 공부하는 성장의 공간 판타스쿨

아이들은 인생에서 가장 중요한 것들을 초등학교에서 배웁니다. 인생에서 가장 기억에 남는 선생님을 만나는 곳도 초등학교입니다. 학교, 특히 초등학교는 재미없는 곳이어서는 안 됩니다. 항상 생기발랄하고 자유롭게 학습할 수 있는 곳, 지적 모험을 통해 자아를 발견할 수 있는 곳이어야 합니다.

하지만 학교는 심각하고 엄숙한 곳이기도 합니다. 왜냐하면 학교에서 하는 공부를 통해 아이들이 성장하고, 이 성장한다는 것에는 무수한 땀과 노력이 있어야 하기 때문입니다. 교과서, 선생님, 친구들을 통해 다양한 학습이 이루어지고, 그런 체험 속에서 아이들은 성숙하게 됩니다.

판타스쿨은 학교의 이런 모습을 재미있게 보여 주는 책이라서 더욱 반갑습니다. 새롭게 학교가 변화해 나가는 모습이 바로 판타스쿨에서 일어나는 일상입니다. 재미있고 환상적인 학교, 판타스쿨! 판타스쿨은 재미와 즐거움, 아이들의 시행착오 그리고 그것을 뛰어넘는 성장을 그린 학교생활을 보여 주고 있습니다.

스쿨(school)은 원래 '여가'라는 뜻입니다. 여가는 놀이이자 학습이라는 뜻입니다. 판타스쿨은 놀이와 학습을 한 권의 책에 담고 있습니다. 그렇기에 학교에 입학하거나 학교에 막 적응해 나가는 아이들이 꼭 읽어 보았으면 합니다.

서울대학교 교육학과 김안중 교수

초등교사 인터뷰

★ **책의 내용이** 어렵지 않고 재미있게 구성이 되어 있어 아이들이 즐겁게 읽으면서 학교생활에 대한 많은 지식을 얻을 수 있을 것 같습니다. '시작이 반'이라는 말이 있습니다. 학교생활의 시작인 1학년을 성공적으로 적응한다면 앞으로 남은 학교생활 역시 즐겁게 잘할 수 있을 것이라는 생각이 듭니다.

_ 방배초등학교(서울시 강남구) 김보라 선생님

★ **이 책을 보며** 입학을 하면 배우게 되는 〈우리들은 1학년〉이라는 교과서를 '아주 재미있게 만화로 엮었구나!'라는 생각이 들었습니다. 새롭게 학교생활을 접하는 아이들은 지나치게 긴장하여 화장실에 못 가고, 쉬는 시간에도 자리를 뜨지 못하는 경우가 있습니다. 판타스쿨은 학교생활의 모습을 꽤 구체적으로 보여 주고 있어서 이해하기도 쉽고, 학교생활을 간접 체험하기에도 좋겠다는 생각이 들었습니다. 실제로 1학년의 학교생활은 학습 능력을 키우는 것보다는 성공적으로 학교생활에 적응하여 자신감을 키우는 것이 중요합니다. 이 자신감은 다음 학년의 학습과 학교생활에 큰 영향을 끼칩니다. 알찬 학교생활 가이드 판타스쿨을 통해 학교생활에 대한 적응력을 키워 주면 좋겠습니다.

_ 청량초등학교(인천시 연수구) 박상희 선생님

★ **학교에서는** 가정과는 다른 새로운 방식의 규칙이 있습니다. 또한 사회적, 학업적인 도전에 직면하고 새 친구를 사귀기 때문에 입학은 즐거우면서도 동시에 스트레스가 됩니다. 그런데 정작 입학 당사자인 아이들의 눈높이에서 학교생활을 안내해 주는 책은 주변에서 찾아보기 힘듭니다. 이 책은 학교 안에서 벌어질 수 있는 다양하고도 빈번한 실제 상황을 보여 줌으로써 학교생활을 바람직하게 해 나갈 수 있게 안내하고, 문제 상황에 대한 올바른 해결책을 부모와 아이가 함께 생각할 수 있도록 만든 책인 것 같습니다.

_ 법원초등학교(경기도 파주시) 진영진 교감 선생님

머리말

초등학생이 된 것을 축하드려요!

이제부터 여러분에게 신 나는 학교생활이 펼쳐질 거예요. 학교란 곳은 우리가 사는 세상의 작은 표본이에요. 수많은 아이들이 모여 더불어 살아가는 방법을 배우는 곳이지요. 처음 해 보는 일들이 많겠지만, 두려워하지 마세요! 여러분 곁에는 언제나 함께 고민해 줄 친구들이 있고, 무슨 일이 생기면 언제든지 도와주실 선생님이 있으니까요. 초등학교 1학년은 매우 쉬운 일들부터 천천히 배우게 되어 있으니까 그때그때 선생님의 말씀만 잘 듣는다면 누구나 즐겁게 학교생활을 해 나갈 수 있어요.

초등학생이 되면, 그동안 부모님의 도움을 받아 해 왔던 많은 일들을 이젠 스스로 하게 돼요. 이런 기회를 주는 학교가 여러분에게 어서 오라고 반갑게 인사하고 있습니다. 망설이지 말고 의젓하고 당당하게 걸어 나가세요. 학교라는 즐거운 공간은 여러 가지 체험과 모험을 통해 여러분을 크게 성장시켜 줄 거랍니다.

여기 여러분의 학교와 닮았으면서도 조금은 다른 판타스쿨이 있습니다. 이 이야기 속에서 만나는 여러 가지 재미나고 즐거운 상황을 통해 학교에서 할 수 있는 경험들을 미리 체험해 보고, 유쾌한 학교생활을 할 수 있는 여러 가지 요령을 배워 보세요. 여러분의 학교생활도 이 이야기처럼 즐거운 모험이 되기를 바라면서 이 책을 드립니다.

2009년 그림나무에서

차 례

1. **신 나는 초등학교 입학 10**
   ★ 입학식 준비하기

2. **입학식 대소동 26**
   ★ 학교는 어떤 곳일까?

3. **학교 가는 길은 즐거워! 44**
   ★ 올바른 생활 습관을 갖는 방법

4. **모두를 위한 화장실 62**
   ★ 학교 화장실의 사용법

5. **플라퉁을 겁내지 마! 80**
   ★ 선생님과 잘 지내기

6. **무궁화 꽃이 피었습니다 100**
   ★ 수업 시간과 쉬는 시간

7. **소중한 교과서 120**
   ★ 교과서란 무엇일까?

8. **공중도덕을 지켜야 해! 138**
   ★ 학교생활에 꼭 필요한 공중도덕

9. **성실하게 출석하자! 156**
   ★ 출석, 지각, 조퇴, 결석

등장 인물

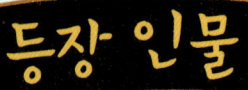

지수

맞벌이 부모 사이에서 적당히 방치된 채로 자란 개구쟁이 꼬마. 성격이 쾌활하고 특히 식욕 등 본능에 충실하다. 많은 규칙이 있는 학교생활을 힘들어한다.

미나

지수의 소꿉친구로 온갖 말썽을 부리며 유치원을 다녔다. 하지만 초등학교 입학식 전날, 새 옷을 차려 입고 공주처럼 변한 자신의 모습에 반해 모범생의 길을 걷기 시작한다.

라무

겉보기에는 냉소적인 미소년. 모두를 무시하고 아무와도 친하고 싶어 하지 않는 것처럼 보이지만, 사실은 대인 기피 증세가 있는 소심한 아이다. 친구들 사이에서는 거의 말이 없지만, 혼자서는 온갖 유치한 상상을 다 한다.

초이
부유한 집에서 오냐오냐하며 자란 외아들.
늘 자신이 대장이어야 하고 친구를
자신의 부하쯤으로 여기는 아이다.
명문대 출신 아이돌이 되는 게 목표지만,
외모는 그에 못 미친다. 미나를
혼자 좋아하며, 친하게
지내게 된다.

케이
학기 중에 들어온 전학생.
이모와 함께 살며, 주로
남자 아이들과 어울려 다니며
터프한 장난하기를 좋아한다.
성격이 무척 쾌활하지만,
제멋대로다.

플라퉁 선생님
1학년 3반의 담임 선생님.
험악한 외모와는 달리
심성은 꽃 같은 분이다.
그러나 플라퉁을 처음 보는 아이들은
그 외모 때문에 잔뜩 겁을 먹는다.

신 나는 초등학교 입학

유치원은 졸업했지만 전혀 실감 나지 않는 초등학교 입학! 부모님은 부모님대로, 여러분은 여러분대로 모두 마음이 설레고 바쁘지요? 여러분, 우선 여러 가지 준비를 하기에 앞서 스스로의 마음 자세를 가다듬어 보는 게 어떨까요?

학교생활 도우미

처음 시작하는 학교생활 준비됐나요?

초등학교에 입학하게 되면 앞으로 12년 동안 학교를 쉬지 않고 다니게 됩니다.
조금만 준비하면 학교생활을 더욱 즐겁게 할 수 있습니다.
가벼운 마음으로 준비해 봅시다!

규칙적인 생활 습관 들이기

계획에 따라 규칙적으로 생활하는 습관을 들여 놓으면 시간표대로 움직이는 학교생활에 쉽게 적응할 수 있어요.

밝게 인사하는 연습

평소에 동네 어른과 친구들에게 밝게 인사해 보세요. 인사하는 것에 익숙해지면 칭찬 받으며 학교생활을 시작할 수 있어요.

책가방 챙기기 연습

책가방 챙기기의 기본은 자신의 방을 잘 정리하는 거예요. 부모님과 함께 방 정리를 하거나 마트에서 쇼핑 목록에 따라 카트에 물건을 담아 보는 것도 좋아요.

간단한 국어 읽기 / 쓰기

한글을 전혀 모르는 상태에서 학교에 들어가면 당황할 수도 있어요. 쉬운 한글을 익히고, 숫자 1에서 50까지 배운다면 충분한 준비가 될 거예요.

이것만은 꼭!
입학하기 전 부모님이 준비할 것들

초등학교 입학은 초등학생이 될 아이뿐 아니라 예비 학부모에게도 매우 긴장되는 일입니다. 무엇을 해야 할지 고민만 하지 말고, 꼭 필요한 것부터 하나하나 꼼꼼하게 시작해 봅시다.

시력 검사

교실에서 앉는 자리를 정할 때 보통 키 순서대로 하는 경우가 많아요. 미리 시력 검사를 해 둔다면 눈이 안 좋을 경우, 칠판이 잘 보이는 자리에 앉을 수 있어요.

홍역 2차 예방 주사 접종

홍역은 어린 나이에 쉽게 걸릴 수 있는 전염성 질병이에요. 미리 예방 주사를 맞아 두면 건강하게 학교를 다닐 수 있어요.

학교에서 정한 준비물

각 학교마다 입학 안내서에 준비해야 할 사항을 알려 줘요. 기본적으로 책가방과 필통 및 필기 도구, 종합장, 공책, 스케치북과 크레파스 등이 필요해요.

입학식날 입을 단정한 옷

격식을 갖춘 단정한 옷을 준비해 주세요. 옷은 첫인상에 중요한 영향을 끼치는 데다 마음가짐도 달라질 수 있거든요.

입학식 대소동

3월의 싸늘한 날씨에 처음 만나는 우리 학교! 유치원과는 비교도 되지 않게 커다란 학교 건물이 어쩐지 무섭기도 해요. 하지만 학교에는 우리를 도와주시는 여러 선생님과 학교 선배들, 그리고 재미있고 신기한 시설들이 가득해요! 자, 입학식에 가 볼까요?

학교 가는 길은 즐거워!

날마다 파티가 열리는 것처럼 즐거운 우리 학교! 오늘은 또 어떤 즐거운 일이 생길까요? 즐거운 마음으로 학교에 가려면 늦잠으로 허둥지둥 출발해선 안 되겠죠? 알맞은 시간에 일어나 편안하고 여유 있는 등굣길이 되도록 모두 노력합시다!

학교생활 도우미

상쾌한 하루를 여는 아침형 아이 생활 습관

아침 시간은 두뇌 활동이 가장 활발한 시간입니다. 국어나 수학 등 정신 집중이 필요한 과목들이 1, 2교시에 집중돼 있는 이유도 이것 때문입니다. 자칫 늦잠과 지각으로 귀한 시간을 놓칠 수도 있으니 주의합시다.

즐거운 아침 일과 만들기

아침에 일찍 일어나면 즐거운 일들이 많아져요. 상쾌한 아침 공기를 들이마시며 뒷산에 오르거나 운동을 해 보세요.

텔레비전과 컴퓨터는 정해진 시간에만 보기

텔레비전이나 컴퓨터는 잘 활용하면 좋지만, 규칙적인 생활을 방해할 수도 있어요. 미리 시간을 정해 계획적으로 사용하세요.

영양가 많은 아침밥 먹기

저녁 식사를 적당히 하면 아침 밥맛이 좋아져요. 아침을 거르면 오전 10시 이후로 집중력이 떨어질 수도 있어요.

자명종 맞춰 놓고 자기

부모님이 깨우기 전에 자명종 소리를 듣고 스스로 일어나 봐요. 매우 뿌듯해요. 자명종이 강렬한 빨간색이라면 왠지 어서 서둘러야 할 것 같겠죠?

바쁜 아침 시간에 꼭 챙겨야 할 것

알림장 확인하기

전날 책가방을 빈틈없이 챙겼더라도 다시 한 번 알림장을 꺼내 확인해 보세요. 아침에 준비해야 할 것을 남겨 뒀을 수도 있으니까요.

이부자리 정돈

이제 어엿한 초등학생이 되었는데도 이부자리 정리를 부모님께 맡길 순 없겠죠? 자신이 머물렀던 자리를 깔끔하게 정리하는 사람이 돼 봐요.

단정한 용모와 옷차림

아침에 외모를 단정히 하는 것은 하루를 상쾌하게 시작하는 좋은 방법이에요. 여유 있게 시간을 나눠서 거울 앞에 서 보아요.

발목 잡는 화장실

매일 밝은 얼굴로 선생님과 친구들에게 인사하고 싶다면 아침에 꼭 화장실에 들러 볼일을 보세요.

늦잠과의 전쟁

아침마다 10분 더 자려는 아이와 깨우는 부모 사이에 한판 전쟁이 일어난다면 상쾌하게 시작해야 할 하루가 엉망진창이 될 수도 있겠죠? 자기 스스로 일어날 수 있는데, 자꾸만 깨우시는 부모님 때문에 속상하다면 부모님과 대화를 나눠 보세요. 또는 부모님께 스스로 일어나서 학교에 갈 수 있다는 것을 증명해 보세요. 이렇게 책임감을 가지고 스스로 일어나게 되면 부모님께 이야기를 듣지 않아도 되고, 스스로도 뿌듯할 거예요.

모두를 위한 화장실

학교에 들어가면 익숙해져야 할 것들이 많아요. 대부분의 아이들이 별 무리 없이 적응하지만 까다로운 친구들도 있거든요. 학교 화장실의 좌변기를 사용해 보는 것이라든가, 공동으로 쓰는 물건을 나누어 쓰는 습관 등을 연습해 보면 좋아요.

저 아이는 미나…
백화점에서 우연히
마주친 다음 날 우린
같은 학교 같은 반이
되었지. 그녀는
내 운명의 하트!

여기서 뭐 해?
빨리 가자!

으응,
메가타간 놀이.
너도 끼워 줄까?

학교생활 도우미

우리 집 화장실과 다른 학교 화장실

정해진 시간, 결코 가깝지 않은 거리, 누구나 순간적으로 위급한 상황에 처할 수 있어요.

이렇게 준비해 봐요!

쉬는 시간에 화장실에 들러 주어 위급한 상황에 처하는 것을 피하는 것이 좋겠지요?

여러 가지 이유로 학교 화장실에는 휴지가 없을 때도 있어요. 이런 경우가 정말 비상 사태지요.

이렇게 준비해 봐요!

만약의 경우에 대비해서 깔끔한 초등학생이라면 휴대용 휴지를 준비하세요.

국내 최초의 사용자 중심
실전 가이드

폼 나는 스타일도 좋지만 화장실에서
볼일 볼 때 불편한 옷들이 있어요. 옷을 입을 때
화장실에서 어떨지 미리 생각해 봐요.

간편하고 맵시 있는 옷차림이
매우 편리해요. 고무줄 바지는
옷을 내리고 입을 때 매우 편리해요.

좌변기 사용법

① 좌변기 너비 만큼 다리를 벌려요.
② 옷을 내린 후 무릎을 구부려 앉고 엉덩이를 살짝 내려요.

③ 대변(소변)을 시원하게 봐요.
④ 대변(소변)을 본 후에는 뒤를 잘 닦고 다음 사용자를 위해 반드시 물을 내려 주세요.

플라통을 겁내지 마!

"너 자꾸 그런 짓하면 학교 가서 선생님한테 혼나!" 이런 말을 학교에 들어오기 전에 자주 들어서 학교가 두려울지도 몰라요. 막상 학교에 들어와 보면 이런 생각이 잘못됐다는 것을 깨닫게 될 거예요. 선생님에 대한 두려움을 버리고, 선생님께 가까이 다가가려고 노력해 보세요!

무서운 선생님? 선생님과 친해지기

선생님은 부모님 대신 학생들을 돌봐 주고 차근차근 지식을 쌓게 해 주는 고마운 분입니다. 특히 초등학교 1학년에게는 학교생활에 대해 자세히 알려 주시니까 너무 선생님을 겁낼 필요가 없습니다.
선생님의 마음은 넓고 푸근하니까 겁내지 말고 다가가 봅시다.

바른 자세로 앉아서 선생님 바라보기

선생님은 수업 시간 내내 주로 서서 수업을 해요. 편히 앉아 있는 우리들은 바른 자세로 선생님과 눈을 마주쳐야겠네요. 바른 자세로 앉으면 척추도 보호돼요.

선생님 말씀 잘 따르기

초등학교 1학년 때는 처음 학교생활을 익히는 아이들에게 선생님이 세세한 부분까지 일일이 알려 주시니까 선생님 말씀을 잘 듣는 것이 중요해요.

자신 있는 목소리로 말하기

기어 들어가는 목소리로 쭈뼛거리며 말을 하는 습관이 들면 선생님과 제대로 대화할 수 없어요. 평소 어른들과 적극적으로 대화하는 연습을 해 보세요.

문제가 생기면 선생님께 알리기

선생님은 여러분을 혼내는 사람이 아니라 도와주는 사람이에요. 언제나 돕고 싶어 하세요. 적극적으로 도움을 청하면 서로 신뢰를 쌓을 수 있어요.

학교생활 도우미

무궁화 꽃이 피었습니다

늘 새로움으로 가득한 수업 시간!
선생님이 해 주시는 이야기는 언뜻
지루하게 느껴질 수도 있지만,
신경 써서 잘 들어 보면 아주
흥미로운 이야기로 가득하답니다.
궁금한 것은 용기를 내어 여쭤 보고,
씩씩하게 발표도 해 보세요!

무궁화 꽃이 피었습니다

심한 장난꾸러기들이라도 미나의 말에는 약한가 봐요.
그나마 덜 소란스러운 놀이를 시작했군요.
바로 '무궁화 꽃이 피었습니다' 놀이예요.

혹시라도 이 재미있는 놀이를 안 해 본 친구가 있다면 오늘이라도 당장 해 보시길 바라요!

'무궁화 꽃이 피었습니다' 놀이는 이렇게 계속됩니다.

자, 이번 시간은 수학 시간이에요. 다들 교과서를 폅시다.

예~

쉬는 시간 10분이 끝나면 수업 시간 40분이 계속돼요. 모든 초등학교에서 이 시간을 정확하게 지키고 있어요.

1학년 3반의 개구쟁이들도 모두 얌전히 자리에 앉아 있군요.

이런, 이런! 지수와 초이가 과감한 모험을 벌이는군요.

무궁화 꽃이 피었습니다

학교생활 도우미

수업 시간에 집중하는 방법

학교는 여러 명의 학생들이 모여 공부를 하는 곳입니다. 수업 시간 동안에는 나 자신과 다른 친구들을 위해 수업에 집중하는 것이 좋습니다. 하지만 40분이라는 꽤 긴 시간 동안 집중하는 것이 말처럼 쉽지는 않습니다. 다음은 집중을 잘하기 위한 방법입니다.

모르는 것 질문하기

수업 내용 가운데 잘 이해가 되지 않거나 궁금한 점이 생기면 질문하세요. 이렇게 하다 보면 수업 시간에 집중도 잘되고 수업 내용이 오래오래 기억에 남아요.

발표할 기회 잘 활용하기

큰 목소리로 발표를 하면 집중력이 좋아져요. 머릿속으로 할 말을 정리한 후 배의 힘을 써서 목소리를 내면 뇌의 활동이 활발해지거든요.

초롱초롱 선생님 바라보기

기운 없는 표정으로 앉아 있으면 수업을 진행하는 선생님도 기운이 쭉 빠질 거예요. 눈을 반짝이며 선생님을 바라보세요. 즐거운 수업 시간이 될 거예요.

바른 자세 유지하기

고개를 든 채 허리를 펴고 앉아 보세요. 바른 자세로 연필을 쥐면 피로감이 덜하고 집중력이 생겨요. 바른 자세로 공부하면 공부가 훨씬 잘될 거예요.

계획적인 시간 활용법

하루 24시간은 우리 모두에게 공평하게 주어진 시간입니다. 이 시간을 스스로 계획하고 알차게 쓰면 내가 원하는 꿈을 이룰 수 있게 됩니다. 학교에서 쉬는 시간과 수업 시간이 따로 나뉘어 있는 이유도 시간을 계획적으로 활용하는 방법을 배우기 위해서랍니다.

자는 시간과 일어나는 시간 지키기

잠들기 전 1시간은 조용히 책을 읽거나 평화로운 상태로 보내는 것이 좋아요. 이렇게 하면 깊은 잠을 잘 수 있고, 이튿날이 상쾌해져요.

부모님과 함께 공부하는 시간 갖기

공부는 혼자 하는 것이지만, 아직은 혼자서 공부하는 것이 잘되진 않을 거예요. 매일 식탁에 앉아 부모님과 함께 책 읽는 시간을 가져 보세요.

교양 프로그램 시청하기

학교 수업 시간과 비슷한 30~40분 분량의 교양 프로그램을 시청하는 훈련을 하면 수업 시간에도 쉽게 집중할 수 있어요.

식사 시간에는 가족과 대화하기

밥 먹는 동안에 텔레비전을 보기보다는 가족과 대화를 나눠 보세요. 학교에서 일어났던 일도 좋아요. 그러면 가족 사이에 더욱 정이 넘쳐날 거예요.

소중한 교과서

교과서를 보면 그 친구의 성격을 알 수 있어요. 예쁘게 교과서를 싸서 소중히 다루는 아이, 이름을 큼지막하게 써 놓은 아이, 무엇 때문인지 교과서가 너덜너덜한 아이…. 어찌 됐든 교과서는 공부할 때 쓰는 최고의 책이에요. 교과서로 즐거운 예습, 복습을 해 보세요!

학교생활 도우미

신 나는 학교생활을 열어 주는 교과서

모든 일이 처음인 초등학교 1학년이 배워야 할 공부는 깊이 있는 지식이라기보다 호기심을 불러일으키는 기초적인 것입니다. 처음부터 무리한 학습 목표를 세우기보다는 여러 가지 생활 속의 문제에 대해 호기심을 갖고 스스로 생각하는 능력을 기르는 것이 중요합니다.

흥미를 불러일으키는 교과서

교과서의 내용은 스스로 생각하는 데 무리가 없는 일상적인 내용입니다. 교과서를 통해 보고 느낀 호기심을 일상생활을 통해 풀어 보세요.

충분한 지식을 담은 교과서

스스로 생각하여 알 수 없는 내용을 처음부터 무리하게 외울 필요는 없어요. 특히 초등학교 1학년 때에는 무리하게 학습하는 것이 좋지 않아요.

교과서는 최고의 교재

때로 교과서가 너무 쉬워 보일 수도 있지만, 교과서는 체계적으로 만들어진 최고의 교육 프로그램이에요. 교과서를 열심히 따라 하다 보면 어느새 우등생이 돼 있을 거예요.

복습하기 좋은 교재

다른 참고서를 보지 않더라도 교과서를 다시 꺼내어 복습한다면 선생님이 가르쳐 줬던 수업 내용들이 더 잘 떠오를 거예요. 이것이 최고의 복습 방법이에요.

입학 전 예습
어느 정도가 좋을까?

초등학교 1학년 학부모는 불안합니다. 아이가 학교에서 조금이라도 뒤처지지 않을까 걱정해서 예습을 무리하게 시키는 경우도 종종 있지요. 예습도 적당한 수준을 넘어 버리면 학교 수업 시간이 재미없어지는 등 여러가지 문제가 생깁니다.

쉬운 한글과 숫자 익히기

앞에서도 강조한 내용이지만 교과서가 한글로 되어 있어서 한글을 미리 배워 두는 것이 좋아요. 영어는 초등 3학년 때부터 시작되니 너무 일찍 준비할 필요는 없어요.

수학은 학과 과정에 맞춰 개념 익히기

수학의 경우 무리하게 예습하면 학교 수업에 흥미를 잃게 될 수도 있어요. 수학 관련 책으로 수의 개념을 파악해 보아요.

지나친 예습은 낭비!

무리하게 학원을 다니면 몸이 피곤해져서 정작 학교 수업 시간에 집중할 수 없어요. 무리한 예습은 학교생활에 지장을 줄 수 있어요.

받아쓰기에 대한 두려움 떨치기

사실 어른들도 버릇처럼 틀리는 글자가 있어요. 받아쓰기는 100점을 맞으면 좋지만 무조건 100점이어야만 하는 것은 아니에요. 끈기 있게 꾸준히 고쳐 나가세요.

공중도덕을 지켜야 해!

어떤 아이들이 복도에서 뛰다가 부딪혀서 넘어졌대요. 크게 다치지 않아서 다행이지만 큰일 날 뻔했다는군요. 슝슝 달리는 것이 더 재밌고 즐겁더라도 복도에서는 천천히 걸어야 해요. 공중도덕을 잘 지켜서 안전하고 유쾌한 학교생활을 보냅시다!

공중도덕을 지켜야 해!

학교에서 꼭 지켜야 할 공중도덕

아무리 강조해도 지나치지 않은 것이 바로 공중도덕입니다. 선생님과 친구들이 함께 생활하는 곳인 학교에서 공중도덕을 잘 지킨다면 다치거나 싸울 일이 훨씬 줄어들 거랍니다.

순서대로 줄 서기

나보다 늦게 온 친구가 나보다 먼저 볼일을 보고 나가면 기분이 나쁘겠죠? 먼저 온 순서대로 줄을 서면 순서를 바르게 정할 수 있고 모두가 편리해져요.

위험하게 행동하지 않기

나는 재미있다고 장난을 치는 것이지만, 다른 사람에게는 위험하다고 느껴질 수도 있어요. 위험한 행동을 하면 실제로 누군가를 다치게 할 수도 있다는 것을 잊지 마세요.

함께 쓰는 시설 소중히 여기기

모두 함께 쓰는 물건일수록 더 아껴 써야 해요. 안 쓰는 수도꼭지는 잠그고 화장실 휴지를 아껴 쓰는 등 학교의 비품을 소중히 다뤄 주세요.

정리 정돈 잘하기

교실의 자기 자리나 사물함, 학급 문고의 책, 신발장 등 모두 함께 사용하는 곳을 깔끔하게 정리 정돈하면 모두가 아주 편리해져요.

집에서 미리 연습하는 질서 교육

예부터 엄격한 가정 교육은 훌륭한 집안의 자존심이었습니다.
초등학교 1학년이라면 이제 그 나이에 걸맞은 예절을 갖출 필요가 있습니다.
장난치기를 좋아하는 개구쟁이나 내성적인 친구 할 것 없이 모두
초등학교 1학년다운 예절을 몸에 익힙시다.

예의 바른 식사 예절

간식이나 급식을 조용히 먹는다면 친구들이나 선생님 모두가 좋아할 거예요. 음식을 쩝쩝거리고 먹으면 모두가 싫어해요.

바른 인사 예절

학교에서 하는 행동 대부분은 집에서 하던 행동인 경우가 많아요. 집에서도 평소 바르게 인사하는 습관을 들이면 학교에서도 잘할 수 있을 거예요.

자신이 지나간 자리 돌아보기

공부하던 책상, 사용한 화장실, 식사를 마친 식탁 등 자신이 지나간 자리를 깔끔하게 정리하고서 자리를 일어나는 습관을 길러 보세요.

깨끗이 정리 정돈하기

정리 정돈은 남의 일이 아니라 바로 내 일이에요. 늘 정리 정돈하는 습관을 들이려면 평소부터 집에서 부모님과 함께 집 안 청소를 해 보세요.

성실하게 출석하자!

오늘도 우리 반에는 결석한 친구가 한 명도 없어요. 역시 우리 반 친구들은 모두 건강하고 성실한가 봐요. 감기에 걸린 현선이도, 깁스를 한 준오도 모두모두 학교에 출석했어요. 조금 불편하더라도 참고 학교에 나왔으니 모두 개근했으면 좋겠어요!

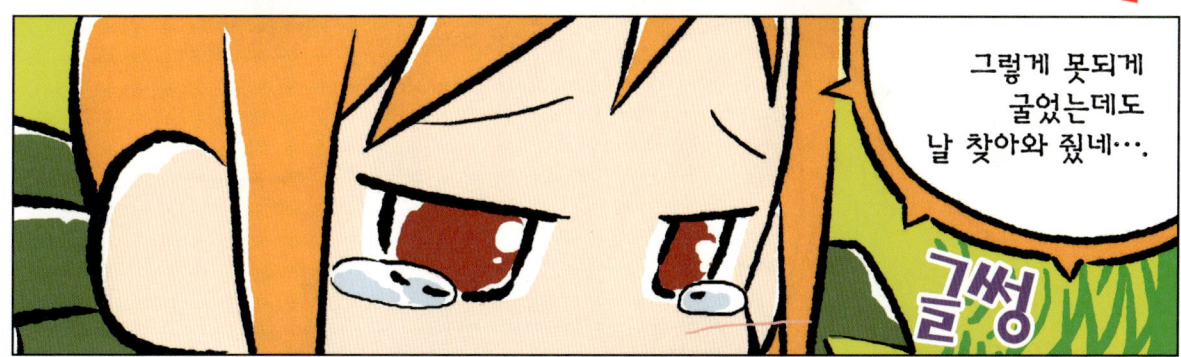

학교생활 도우미

학교생활 최고의 도전, 개근!

비가 오나 눈이 오나 조금 아파도 참고, 가기 싫은 날도 꾹 참고 이겨 내어 6년 동안 결석 없이 출석하면 성적표에 개근이라고 표시가 돼요. 우리 모두 개근에 도전에 봐요!

출석

정해진 시간에 학교에 도착해서 수업이 모두 끝난 후에 하교하는, 학교의 모든 일과를 끝마친 상태를 말해요.

결석

학교에 나가지 못한 경우예요. 될 수 있으면 이런 경우가 없어야 하겠지요?

지각

등교 시간보다 10분 일찍 가는 것이 좋겠지만, 늦으면 주의를 받게 돼요. 수업이 시작한 후에 등교를 하게 되면 지각이에요.

조퇴

시간에 맞춰 학교에 나왔지만 몸이 아프거나 큰일이 있어서 수업을 다 채우지 못하고 돌아가게 될 때 조퇴를 하게 돼. 조퇴는 선생님의 허락이 있어야 해요.

결석 처리에서 제외되는 경우

현장 체험에 참가했을 때

집안의 경조사에 참여했을 때

홍역, 수두, 볼거리 등 전염병에 걸렸을 때

학교 대표로 경연 대회에 나갔을 때

폭우 등 천재지변이 일어났을 때

초등학교 1학년 학사 일정

- 3월 4일 – 입학식
- 3월 말 – 학부모 총회
- 4~5월 – 현장 학습
- 7월 말 – 방학
- 8월 말 – 개학
- 9~10월 – 운동회
- 12월 – 방학
- 이듬해 2월 초 – 개학
- 2월 말 – 학기 말 방학

Fanta school ①
나도 이제 1학년이야!

월	일	요일	선생님 확인	보호자 확인

월	일	요일	선생님 확인	보호자 확인

판타스쿨

월 일 요일	선생님 확인	보호자 확인

월 일 요일	선생님 확인	보호자 확인

Fanta school ❶
나도 이제 1학년이야!

월 일 요일	선생님 확인	보호자 확인

월 일 요일	선생님 확인	보호자 확인

판타스쿨

월	일	요일	선생님 확인	보호자 확인

월	일	요일	선생님 확인	보호자 확인

Fanta school ❶
나도 이제 1학년이야!

월 일 요일	선생님 확인	보호자 확인

월 일 요일	선생님 확인	보호자 확인

판타스쿨

월 일 요일	선생님 확인	보호자 확인

월 일 요일	선생님 확인	보호자 확인

Fanta school ❶

나도 이제 1학년이야!

월 일 요일	선생님 확인	보호자 확인

월 일 요일	선생님 확인	보호자 확인

판타스쿨

월 일 요일	선생님 확인	보호자 확인

월 일 요일	선생님 확인	보호자 확인

Fanta school ❶
나도 이제 1학년이야!

월 일 요일	선생님 확인	보호자 확인

월 일 요일	선생님 확인	보호자 확인

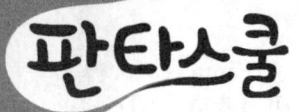

월 일 요일	선생님 확인	보호자 확인

월 일 요일	선생님 확인	보호자 확인

Fanta school ❶

나도 이제 1학년이야!

월 일 요일	선생님 확인	보호자 확인

월 일 요일	선생님 확인	보호자 확인

판타스쿨

월	일	요일	선생님 확 인	보호자 확 인

월	일	요일	선생님 확 인	보호자 확 인

Fanta school ❶
나도 이제 1학년이야!

월 일 요일	선생님 확인	보호자 확인

월 일 요일	선생님 확인	보호자 확인

판타스쿨

월 일 요일	선생님 확인	보호자 확인

월 일 요일	선생님 확인	보호자 확인

Fanta school ❶
나도 이제 1학년이야!

월 일 요일	선생님 확인	보호자 확인

월 일 요일	선생님 확인	보호자 확인

판타스쿨

월 　 일 　 요일	선생님 확인	보호자 확인

월 　 일 　 요일	선생님 확인	보호자 확인

Fanta school ❶
나도 이제 1학년이야!

월	일	요일	선생님 확인	보호자 확인

월	일	요일	선생님 확인	보호자 확인

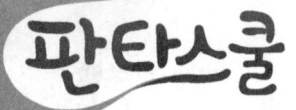

월 일 요일	선생님 확인	보호자 확인

월 일 요일	선생님 확인	보호자 확인

Fanta school ❶
나도 이제 1학년이야!

월 일 요일	선생님 확인	보호자 확인

월 일 요일	선생님 확인	보호자 확인

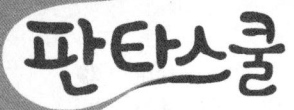

월 일 요일	선생님 확인	보호자 확인

월 일 요일	선생님 확인	보호자 확인

Fanta school ❶
나도 이제 1학년이야!

월 일 요일	선생님 확인	보호자 확인

월 일 요일	선생님 확인	보호자 확인

판타스쿨

월 일 요일	선생님 확인	보호자 확인

월 일 요일	선생님 확인	보호자 확인

Fanta school ❶
나도 이제 1학년이야!

월 일 요일	선생님 확인	보호자 확인

월 일 요일	선생님 확인	보호자 확인

판타스쿨

월 일 요일	선생님 확인	보호자 확인

월 일 요일	선생님 확인	보호자 확인

Fanta school ❶
나도 이제 1학년이야!

월 일 요일	선생님 확인	보호자 확인

월 일 요일	선생님 확인	보호자 확인

판타스쿨

월 일 요일	선생님 확인	보호자 확인

월 일 요일	선생님 확인	보호자 확인

Fanta school ❶
나도 이제 1학년이야!

월 일 요일	선생님 확인	보호자 확인

월 일 요일	선생님 확인	보호자 확인

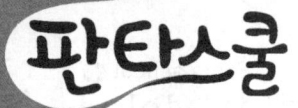

월 일 요일	선생님 확인	보호자 확인

월 일 요일	선생님 확인	보호자 확인

Fanta school ❶
나도 이제 1학년이야!

월	일	요일	선생님 확인	보호자 확인

월	일	요일	선생님 확인	보호자 확인

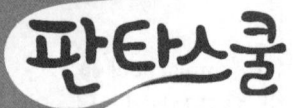

월 일 요일	선생님 확인	보호자 확인

월 일 요일	선생님 확인	보호자 확인

Fanta school ❶

나도 이제 1학년이야!

월 일 요일	선생님 확인	보호자 확인

월 일 요일	선생님 확인	보호자 확인

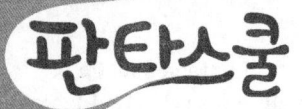

월 일 요일	선생님 확인	보호자 확인

월 일 요일	선생님 확인	보호자 확인

Fanta school ❶

나도 이제 1학년이야!

월 일 요일	선생님 확인	보호자 확인

월 일 요일	선생님 확인	보호자 확인

판타스쿨

월 일 요일	선생님 확 인	보호자 확 인

월 일 요일	선생님 확 인	보호자 확 인

Fanta school ❶
나도 이제 1학년이야!

월 일 요일	선생님 확인	보호자 확인

월 일 요일	선생님 확인	보호자 확인

판타스쿨

월 일 요일	선생님 확인	보호자 확인

월 일 요일	선생님 확인	보호자 확인

Fanta school ❶
나도 이제 1학년이야!

월 일 요일	선생님 확인	보호자 확인

월 일 요일	선생님 확인	보호자 확인

판타스쿨

월 일 요일	선생님 확인	보호자 확인

월 일 요일	선생님 확인	보호자 확인

Fanta school ❶
나도 이제 1학년이야!

월	일	요일	선생님 확인	보호자 확인

월	일	요일	선생님 확인	보호자 확인

판타스쿨

월 일 요일	선생님 확인	보호자 확인

월 일 요일	선생님 확인	보호자 확인

Fanta school ❶
나도 이제 1학년이야!

월	일	요일	선생님 확인	보호자 확인

월	일	요일	선생님 확인	보호자 확인

판타스쿨

월 일 요일	선생님 확인	보호자 확인

월 일 요일	선생님 확인	보호자 확인

Fanta school ❶
나도 이제 1학년이야!

월 일 요일	선생님 확인	보호자 확인

월 일 요일	선생님 확인	보호자 확인

판타스쿨

월 일 요일	선생님 확인	보호자 확인

월 일 요일	선생님 확인	보호자 확인

Fanta school ❶
나도 이제 1학년이야!

월	일	요일	선생님 확 인	보호자 확 인

월	일	요일	선생님 확 인	보호자 확 인

월 일 요일	선생님 확인	보호자 확인

월 일 요일	선생님 확인	보호자 확인

Fanta school ❶
나도 이제 1학년이야!

월	일	요일	선생님 확인	보호자 확인

월	일	요일	선생님 확인	보호자 확인

월 일 요일	선생님 확인	보호자 확인

월 일 요일	선생님 확인	보호자 확인